AF460428

CATALOGUE
DE MONNAIES
GRECQUES ET ROMAINES

ET DE

MÉDAILLES DES XVe, XVIe ET XVIIe SIÈCLES

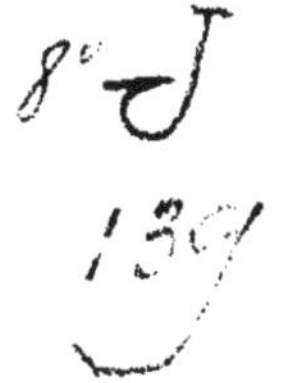

TYPOGRAPHIE DE CH. LAHURE
Imprimeur du Sénat et de la Cour de Cassation
rue de Vaugirard, 9

CATALOGUE
DE MONNAIES
GRECQUES ET ROMAINES
ET DE
MÉDAILLES DES XVe, XVIe ET XVIIe SIÈCLES

DONT LA VENTE AUX ENCHÈRES PUBLIQUES

AURA LIEU

A PARIS, LE 16 MARS ET JOURS SUIVANTS

HÔTEL DES COMMISSAIRES-PRISEURS

RUE DROUOT, 5 (salle n° 3)

Par le ministère de Me DELBERGUE-CORMONT, Commissaire-Priseur

rue de Provence, 8, à Paris

EXPOSITION PUBLIQUE LE DIMANCHE 15 MARS 1857

LE CATALOGUE SE DISTRIBUE

Chez MM. ROLLIN, antiquaire, rue Vivienne, 12, à Paris;

DELBERGUE-CORMONT, commissaire-priseur, rue de Provence, 8, à Paris;

CURT, antiquaire, 125, Great Portland Street, Regent Street, à Londres.

—

1857

On ne peut appeler collection les médailles que nous offrons en vente; les séries n'y sont pas suivies, mais c'est un choix admirablement fait de 372 monnaies et médailles rares, belles, et toutes parfaites de conservation.

Les grecques offrent des pièces très-rares, toutes sont belles et beaucoup d'une beauté hors ligne. Tout le monde connaît la rareté des as romains ou italiques, et combien il est difficile de s'en procurer des exemplaires beaux et authentiques; tous ceux renfermés dans ce Catalogue remplissent ces difficiles conditions; les amateurs étrangers pourront donc sans crainte les faire acheter par commission.

Les grands et moyens bronzes sont irréprochables, et ceux qui ne sont pas à fleur de coin ont du moins une magnifique patine.

Enfin, la série des médaillons du XVe et du XVIe siècle, série si intéressante qui nous donne le portrait des hommes et femmes illustres de ces époques, est encore plus belle que les précédentes. Leur extrême rareté s'explique par ce fait que, ne sortant pas d'un coin capable d'en reproduire plusieurs exemplaires, ce sont les chefs-d'œuvre des artistes pisans qui y apportaient le soin et le fini d'une œuvre d'art.

Les amateurs me sauront gré, j'espère, d'avoir été sobre des épithètes de convention que l'on trouve dans chaque catalogue. La beauté des pièces m'a entraîné à en désigner quelques-unes hors ligne, mais je le répète, toutes sont dignes de figurer dans les plus belles collections.

C. ROLLIN.

CATALOGUE

DE MONNAIES

GRECQUES ET ROMAINES

ET

DE MÉDAILLES DES XVe, XVIe ET XVIIe SIÈCLES.

MÉDAILLES GRECQUES.

CAMPANIE.

1. **NEAPOLIS.** Tête de femme à droite, ceinte d'un diadème, avec pendants d'oreilles et colliers; derrière, un vase; dessous, ΚΑΡΙ. — ℞. ΝΕΟΠΟΛΙΤΩΝ. Bœuf à face humaine, marchant à droite; au-dessus, une Victoire le couronne; entre les jambes du bœuf, K. — La tête est d'une beauté remarquable. — AR[5].

CALABRE.

2. **TARENTE.** Taras sur le dauphin tient une Victoire et un trident. ΤΑΡΑΣ. — ℞. Cavalier cuirassé couronné par la victoire. ΚΑΛΛΙΚΡΑΤΗΣ. AR[5].

LUCANIE.

3. **HERACLEA.** Tête de Pallas casquée. — ΗΡΑΚΛΕΙΩΝ. ℞.... ΚΛΗΙΩΝ. Hercule nu, debout, vu de face, la main

droite sur la massue, tient de la gauche la dépouille du lion. Æ[4].

4. **HERACLEA.** Tête de Pallas casquée. — ℞.... ΛΕΙΩΝ. Hercule étouffant le lion; dans le champ, massue; sur une base, ΕVΦΡΟ. Æ[5].

5. **HERACLEA.** Même tête. ΕV. — ℞. ΗΡΑΚΛΗΙΩΝ. Hercule étouffant le lion; dans le champ, un vase. Æ[5].

6. **HERACLEA.** ΕV . ΗΡΑ. Hercule accroupi étouffe le lion. Æ[2].

7. **METAPONTE.** ΜΕΤΑΠ. Épi en relief. — ℞. Épi en creux. Æ $6\frac{1}{2}$.

8. **METAPONTE.** ΛΕVΚΙΠΠΟΣ. Tête casquée et barbue à droite. ℞. — ΜΕΤΑ. Épi, oiseau. Æ[5].

9. **POSIDONIE.** ΜΟΠ. Neptune debout frappe de la main gauche avec son trident; de l'autre il tient une couronne. — ℞. Même type en creux. Æ[8].

10. **POSIDONIE.** ΠΟΣΕΙΔΑ. Neptune frappant de son trident; dans le champ, poisson. — ℞. ΠΟΣΕΙΔΑΝ. Taureau marchant à droite. Æ[4].

11. **THURIUM.** Tête de Pallas à droite. — ℞. ΘΟVΡΙΩΝ. Bœuf cornupète à droite; dessous, deux poissons. Æ[7].

12. **THURIUM.** Même tête à gauche. — ℞. Même légende et même type; sous le bœuf, un poisson. Æ[7].

13. **THURIUM.** Même tête à droite. — ℞. Même légende et même type sous le bœuf. ΕVΦΡ. Aigle volant. Æ $4\frac{1}{2}$.

14. Même pièce; sous le bœuf, poisson. Æ[5].

15. Même pièce. Æ[5].

16. **VÉLIE.** Tête de Pallas; au-dessus, Δ. — ℞. VΕΛΗΤΩΝ. Lion marchant à droite; au-dessus, un pentagone entre les lettres Φ.Ι. Æ[4].

17. VÉLIE. Médaille presque semblable ; au revers, dans le champ, les lettres ΦΡ. AR [5].

18. VÉLIE. Tête de Pallas ; au-dessus, A ; derrière, IE, au milieu d'un carré. — ℞. VEΛHTΩN. Lion à droite dévorant un cerf. AR [5].

BRUTTIUM.

19. BRUTTIUM. Tête de la Victoire ailée. — ℞. Bacchus, vu de face, se couronnant ; dans le champ, gouvernail. AR [4].

20. CAULONIA. KAVΛ. Figure virile nue, debout, ayant une branche dans la main droite, et sur le bras gauche une petite figure marchant ; à ses pieds, un cerf. — ℞. Même type en creux. AR $^{5\frac{1}{2}}$.

21. CROTON. Tête de Junon Lacinia de face. — ℞. KPOTΩNIAT. Hercule nu, assis sur la dépouille du lion, tient d'une main le canthare et de l'autre sa massue. AR [6].

22. LOCRI. ΛOKPΩN. Tête de Jupiter. — ℞. Aigle volant, tenant dans ses serres un lièvre. AR [6].

23. TERINA. TEPINAIΩN. Tête de femme. — ℞. Femme assise, tenant une patère et couronnée par une Victoire. AR [6].

SICILE.

24. AGRIGENTE. AKPACANTOΣ. Aigle. — ℞. Crabe. AR [7].

25. AGRIGENTE. AK. Aigle. — ℞. Crabe dessous AΣ. AR [4]

26. GELAS. ΓEΛAΣ. Partie antérieure de bœuf à face humaine. — Figure dans un bige, une Victoire couronne les chevaux. AR [8].

27. GELAS. CEΛA. Bœuf à face humaine à mi-corps. — ℞. Cavalier en course. AR [6].

28. **MESSANA**. Bige. — ℟. ΜΕΣΣΑΝΙΟΝ. Lièvre courant; au-dessous, une mouche. AR[7].

29. **MESSANA**. ΜΕΣΣΑΝΑ. Bige; dessous, deux dauphins. — ℟. ΜΕΣΣΑΝΙΟΝ. Lièvre; dessous, un dauphin. AR[7].

30. **PANORME**. Tête d'Hercule jeune. — ℟. Inscription phoenicienne; buste de cheval; derrière, palmier. AR $^{6\frac{1}{2}}$.

31. **PANORME**. Tête de Proserpine entourée de quatre poissons. — ℟. Cheval galopant près d'un palmier. AR[7].

32. **PANORME**. Tête de Proserpine, trois poissons. — ℟. Inscription phoenicienne; buste de cheval; derrière un palmier. AR $^{6\frac{1}{2}}$.

33. **SELINUS**. ΣΕΛΙΝΟΣ. Figure nue tenant une patère, au-dessus d'un autel triangulaire; dans le champ, une feuille d'ache, un coq et un bœuf sur une estrade. — ℟. ΣΕΛΙΝΟΝΤΙΟΝ. Apollon et Diane dans un quadrige. AR[8].

34. **SYRACUSE**. ΣΥΡΑΚΟΣΙΩΝ. Tête de Proserpine entourée de quatre poissons; dans le champ, Δ; dessous, la tête EVAINE. — ℟. Figure dans un quadrige, couronnée par la Victoire; dessous, des armes. AR[11].

Ce grand médaillon, d'une beauté remarquable, est un des plus complets qu'on puisse voir.

35. **SYRACUSE**. Tête d'Apollon derrière une lampe. — ℟. ΣΥΡΑΚΟΣ. Trépied. AV[3].

36. **SYRACUSE**. Tête d'Hercule couvert de la peau du lion. — ℟. ΣΥΡΑΚΟΣΙΩΝ. Bige. AV[3].

37. **SYRACUSE**. ΣΥΡΑΚΟΣΙΟΝ. Tête de femme entourée de quatre poissons, les cheveux retenus par un diadème de perles. — ℟. Bige; au-dessus, Victoire; dessous, serpent. AR[8].

38. **SYRACUSE**. Tête de femme, trois poissons; dessous,

NI. — ℞. ΣΥΡΑΚΟΣΙΩΝ. Quadrige ; au-dessus, triquetra ; au-dessous, en monogramme AN. AR [7].

39. **SYRACUSE**. ΣΥΡΑΚΟΣΙΩ. Tête de Pallas. — ℞. Pégase. AR [5].

40. **SYRACUSE**. ΖΕΥΣ ΕΛΕΥΘΕΡΙΟΣ. Tête de Jupiter. — ℞. ΣΥΡΑΚΟΣΙΩΝ. Foudre et grain d'orge. Æ [7].

41. **SYRACUSE**. ΣΥRΑΚΟΣΙΩΝ. Tête de Cérès ; derrière, un épi. — ℞. Bige ; dessous, en monogramme, ΑΓ. Æ.

La conservation et la patine de ces deux bronzes ne laissent rien à désirer.

42. **TAUROMENIUM**. Tête d'Apollon. — ℞. ΤΑΥΡΟΜΕΝΙΤΑΝ. Trépied ; en monogramme, ΑΡΙ. AV $1\frac{1}{2}$,

ROIS DE SICILE.

43. **HIÉRON I**[er]. Tête du roi. — ℞. ΙΕΡΩΝΟΣ. Cavalier. Æ [7].

44. **AGATHOCLES**. ΚΟΡΑΣ. Tête de Cérès. — ℞. ΑΓΑΘΟΚΛΕΙΟΣ. Victoire érigeant un trophée, triquetra. AR [7].

45. **HICETAS**. ΣΥΡΑΚΟΣΙΩΝ. Tête de Cérès. — ℞. ΕΠΙ. ΙΚΕΤΑ. Bige ; dans le champ, étoile. AV [4].

46. **HIÉRON II**. Tête de Neptune. — ℞. ΙΕΡΩΝΟΣ. Trident entre deux dauphins. Æ [6].

47. **PHILISTIS**. Tête de la reine voilée. — ℞. ΒΑΣΙΛΙΣΣΑ ΦΙΛΙΣΤΙΔΟΣ. Bige au pas. AR [4].

THRACE.

48. **ABDERA**. Griffon. — ℞. ΕΠ ΗΓΗΣΙΠΠΟ. Cette légende encadre un carré divisé en quatre. AR [3].

49. **THASOS**. Silène à genoux, tenant un vase. — ℟. ΘΑ-ΣΙΩΝ. Diota. AR [1].

ROI DE THRACE.

50. **LYSIMAQUE**. Tête de Lysimaque avec la corne d'Ammon. — ℟. **ΒΑΣΙΛΕΩΣ ΛΥΣΙΜΑΧΟΥ**. Pallas Nicéphore assise. AR [8].

MACÉDOINE.

51. Macédoine sous les Romains. **ΜΑΚΕΔΟΝΩΝ**. Tête virile jeune avec une longue chevelure. — ℟. **AESILLAS. Q**. Ciste, massue et table carrée dans une couronne. AR [8].

ROIS DE MACÉDOINE.

52. **ARCHELAUS**. Cheval libre à droite. — ℟. Casque. AR. [2½].

53. **PHILIPPE II**. Tête de Jupiter laurée. — ℟. **ΦΙΛΙΠ-ΠΟΥ. Μ**. Figure nue à cheval ; dessous, un casque. AR [6].

54. Tête de Pallas. — ℟. **ΑΛΕΞΑΝΔΡΟΥ**. Victoire debout, foudre, double statère d'or. AV [6].

55. **ANTIGONE GONATAS**. Tête de Pan au milieu du bouclier béotien. — ℟. **ΒΑΣΙΛΕΩΣ ΑΝΤΙΓΟΝΟΥ**. Pallas debout, lançant la foudre, le bras gauche armé d'un bouclier ; dans le champ, un casque. AR [9].

56. **PERSÉE**. Sa tête à droite. — ℟. **ΒΑΣΙΛΕΩΣ ΠΕΡ-ΣΕΩΣ**. Aigle sur un foudre ; dessous, **Α**, le tout dans une couronne de chêne. AR [8].

THESSALIE.

57. **LARISSA**. Homme nu à gauche, domptant un taureau. — ℟. **ΛΑΡΙΣΑΙΑ**. Cheval en course. AR [4].

58. **LARISSA**. Tête de femme de face. — R/. **ΛΑΡΙΣΑΙΩΝ**. Cheval paissant. AR^{5}.

ROIS D'ÉPIRE.

59. **PYRRHUS**. Tête de Cérès couronnée d'épis. — R/. **ΒΑΣΙΛΕΩΣ ΠΥΡΡΟΥ.** Pallas marchant à gauche; dans le champ, foudre et grappe de raisin. AR^{5}.

60. **PYRRHUS**. Tête imberbe, casquée; dessous, A; — R/. **ΒΑΣΙΛΕΩΣ ΠΥΡΡΟΥ**. Thétis sur un hippocampe. AR^{6}.

ACARNANIE.

61. **ACARNANI**. **ΛΟΥΓΟΥΡΓΟΣ.** Tête imberbe avec le col de bœuf. — R/. **ΑΚΑΡΝΑΝΩΝ.** Apollon nu, assis sur un siége, tenant un arc. AR^{5}.

PHOCIDE.

62. **PHOCI**. Tête de bœuf de face. — R/. **ΦΩ.** Tête d'Apollon. AR^{3}.

BÉOTIE.

63. **BOEOTI**. Bouclier béotien. — R/. **ΚΑΛΛΙ.** Diota. AR^{1}.

ACHAIE.

64. **SICYONE**. Chimère. — R/. Colombe dans une couronne. AR^{6}.

65. **SICYONE**. Chimère. — R/. Colombe dans une couronne. AR^{4}.

ÉLIDE.

66. **ELIS**. Tête de Jupiter. — R/. **FA.H.** Aigle à droite; dans le champ, foudre et serpent AR^{6}.

67. **ELIS**. Tête de Jupiter. — R/. **FA.** Aigle. AR$^{1\frac{1}{2}}$.

CRÈTE.

68. CYDONIE. Tête de Bacchus à gauche. — ℞. ΚΥΔΩΝ. Louve allaitant un jeune enfant. AR[6].

EUBÉE.

69. CHALCIS. Tête de femme à droite. — ℞. ΧΑΛ. Aigle à droite déchirant un serpent; dans le champ, trophée. AR[3].

ROI DE PERGAME.

70 PHILETAIRE. Sa tête. — ΦΙΛΕΤΑΙΡΟΥ. Pallas assise, tenant une couronne. AR[9].

IONIE.

71. ÉPHÈSE. ΕΦ. Abeille. — ℞. ΕΥΚΛΗ. Cerf devant un palmier. AR[4].

72. ÉRYTHRÉE. Cavalier nu à droite. — ℞. Carré creux. AR[5].

ILE D'IONIE.

73. SAMOS. Tête de lion de face. — ℞. ΓΙΓΕΝΗΣ.ΣΑ. Partie antérieure de taureau. AR[6].

74. ELECTRUM D'IONIE. Tête de lion la gueule ouverte. — ℞. Tête de veau en creux. EL[2].

75. ELECTRUM D'IONIE. Tête de Cérès. — ℞ Taureau cornupète dans un carré. EL[2].

CARIE.

76. CNIDUS. Tête de Vénus. — ℞. Partie antérieure du lion. AR[4].

77. **RHODUS** (insula). Tête du colosse de face. — ℞. ΑΓΗ-ΣΙΔΑΜ. Rose ; dans le champ, guerrier casqué, la lance en avant. AR [5].

PISIDIE.

78. **SELGE**. Deux lutteurs dans le champ. ΠΟ. — ℞. ΕΣΓ-ΓΕΔΙ. Frondeur dans le champ ; triquetra et contremarque. AR [6].

ROIS DE SYRIE.

79. **SELEUCUS Ier**. Tête de Jupiter dans un quadrige d'éléphants. — ℞. ΒΑΣΙΛΕΩΣ ΣΕΛΕVΚΟV. Pallas debout. AR [7].

80. **ANTIOCHUS Ier**. Tête diadémée du roi. — ℞. ΒΑΣΙ-ΛΕΩΣ ΑΝΤΙΟΧΟV. ΑΣ. ΑΝ. Apollon nu, assis sur la cortine. AR [8].

81. **SELEUCUS II**. Tête diadémée du roi. — ℞. ΒΑΣΙΛΕΩΣ, ΣΕΛΕVΚΟV. Apollon nu, assis sur la cortine. AR [8].

82. **ANTIOCHUS III**. Tête diadémée du roi. — ℞. ΒΑΣΙ-ΛΕΩΣ ΑΝΤΙΟΧΟV. Apollon nu, assis sur la cortine ; dans le champ, deux monogrammes. AR [8].

ROI PARTHE.

83. **ARSACE VI**. Tête barbue du roi coiffée de la tiare. — ℞. ΒΑΣΙΛΕΩΣ . ΒΑΣΙΛΕΩΝ . ΜΕΓΑΛΟV . ΑΡΣΑ-ΚΟV . ΕΠΙΦΑΝΟVΣ. Le roi assis, tenant un arc. AR [8].

ROIS D'ÉGYPTE.

84. **PTOLÉMÉE Ier**. Tête diadémée du roi. — ℞. ΒΑΣΙ-ΛΕΩΣ ΠΤΟΛΕΜΑΙΟV. Aigle sur un foudre ; dans le champ, P. et deux monogrammes. AR [7].

85. **PTOLÉMÉE** incertain. Tête de Jupiter. — ℞. ΒΑΣΙΛΕΩΣ ΠΤΟΛΕΜΑΙΟΥ. Aigle sur un foudre; dans le champ, corne d'abondance. AR[1].

AS ET DIVISIONS.

86. As. Tête de Janus. — ℞. Proue de vaisseau. Marchi et Tessieri, classe 1, t. II, n. 5.

87. As. Même type. M. et T., cl. 1, t. II, n. 6.

88. Semis. Tête barbue de Jupiter à gauche. — ℞. Proue de vaisseau. M. et T., cl. 1, t. III A, n. 2.

89. Semis. Même type.

90. Triens. Tête casquée de Minerve. — ℞. Proue de vaisseau. M. et T., cl. 1, t. III A, n. 3 A.

91. Quadrans. Tête d'Hercule couverte de la peau du lion. — ℞. Proue de vaisseau. M. et T., cl. 1, t. III A, n. 4 A.

92. Sextans. Tête de Mercure coiffée du piléus. — ℞. Proue de vaisseau. M. et T., cl. 1, t. III A, n. 5 A.

93. Sextans. Du même type que le précédent. Il en diffère par le poids, par le style, et entre dans la catégorie des pièces frappées. M. et T., cl. 1, t. III C, n. 1.

94. Sextans. Même type, n. 5 de la même planche.

95. Sextans. Même type, n. 9, *idem*.

96. As. Tête de Janus. — ℞. Proue de vaisseau. M. et T., t. III C, n. 1.

97. As. Tête de femme à droite, avec un casque affectant la forme du bonnet phrygien. — ℞. Même tête à gauche. M. et T., cl. 1, t. IV, n. 1.

Cette monnaie, outre qu'elle est très-belle, est d'une très-grande rareté.

98. Quadrans. La main droite ouverte. — ℟. La main gauche ouverte. M. et T., cl. 1, t. IV, n. 4.

99. Sextans. Coquille vue à l'intérieur. — ℟. Coquille vue à l'extérieur. M. et T., cl. 1, t. IV, n. 5.

100. Sextans. Coquille vue à l'intérieur. — ℟. Caducée. M. et T., cl. 1, t. VI, n. 5.

101. Triens. Foudre. — ℟. Dauphin, au-dessus une petite faucille. M. et T., cl. 1, t. VII, n. 3.

102. Semis. Pégase courant à droite. — ℟. Pégase courant à gauche. M. et T., cl. 1, t. IX, n. 2.

103. Semis. Même type des deux côtés.

104. Triens. Buste de cheval à droite. — ℟. Buste de cheval à gauche. M. et T., cl. 1, t. IX, n. 3.

105. Triens. Tête de Junon à droite. — ℟. Hercule nu lève sa massue d'une main, et de l'autre arrête un centaure par les cheveux. M. et T., cl. 1, t. XII, n. 2.

On trouve rarement de beaux exemplaires de ce type; celui-ci est bien complet.

106. Sextans. La louve allaitant Romulus et Rémus. — ℟. Aigle debout à droite, avec une fleur dans son bec. M. et T., cl. 1, t. XII, n. 4.

107. Uncia. Tête du soleil de face. — ℟. Croissant et deux étoiles. M. et T., cl. 1, t. XII, n. 5.

108. Uncia. Pièce semblable à la précédente.

109. Semis de Tuder. Chien couché, TVTEPE en caractères osques. — ℟. Lyre. M. et T., cl. 2, t. II, n. 2.

110. Quadrans de Tuder. Grenouille. — ℟. Ancre. Les deux lettres osques TV. M. et T., cl. 2, t. II, n. 4.

111. As. Tête de face coiffée du pileus. — ℟. Couteau,

hache de sacrifice, simpulum et croissant. M. et T., cl. 3, t. II, n. 1.

Pièce d'une excessive rareté.

112. As. Roue à six rayons. — ℞. Canthare ; au-dessus, un M étrusque. M. et T., cl. 3, t. V, n. 1.

De la plus grande rareté.

113. As. Tête barbue de face, le front chauve et orné d'un diadème. — Chien couché HAT. M. et T., cl. 4, t. III, n. 1 A.

Cet as de Tuder est d'une grande rareté, il manque à presque toutes les collections.

114. Quincunx de Teate. Tête de Minerve. — ℞. TIATI. Chouette, module 5.

Il est inutile de dire que sur toutes ces pièces se trouvent les signes et les points qui indiquent leur valeur numérale

EMPEREURS ROMAINS.

115. MARC ANTOINE et OCTAVIE. M . ANTONIVS . IMP . COS . DESIGN . ITER . ET . TERT. Tête de M. Antoine ; dessous, lituus, le tout dans une couronne de pampre et de lierre. — ℞. Tête d'Octavie sur un ciste, soutenue par deux serpents. AR7.

Très-beau médaillon frappé en Asie.

116. AGRIPPA. M . AGRIPPA L . F . COS . III. Tête d'Agrippa. — ℞. Neptune debout. M. B.

Très-beau.

117. AGRIPPA. M. B. Avec une très-belle patine ; même type que la précédente.

118. NÉRON et DRUSUS. NERO . ET . DRVSVS . CAESARES. Néron et Drusus à cheval. — ℞. C . CAESAR . AVG . GERMANICVS . PON . M . TR . POT . En légende circulaire, dans le champ, S . C. M. B.

Superbe.

119. NÉRON. — ℟. DECURSIO. Deux cavaliers avec la lance, dans l'un des cavaliers on reconnaît l'empereur Néron. G. B.

D'une perfection de style et de conservation hors ligne. La patine en est admirable.

120. NÉRON. Même tête et même revers. G. B. Beau.

121. NÉRON. — ℟. ANNONA . AVGVSTI . CERES. Cérès assise et la Fortune debout près d'un autel ; dans le lointain, un vaisseau. G. B. Magnifique.

122. NÉRON. — ℟. GENIO . AVGVSTI. Bonus eventus sacrifiant. M. B. Demi-module.

123. NÉRON. — ℟. Sine epigraphe, quadrige sur un arc de triomphe. M. B.

124. GALBA. — ℟. S. p. q. r. ob. c. s. dans une couronne. AR.

125. GALBA. — ℟. ROMA. Rome assise sur un monceau d'armes. G. B. Très-belle patine.

126. GALBA. — ℟. S . P . Q . R . ob : CIV . SER . dans une couronne. G. B.

127. GALBA. — ℟. LIBERTAS . PVBLICA. Femme debout. G. B.

128. OTHON. — ℟. SECVRITAS P . R . Femme debout. AR.

129. VITELLIUS. — ℟. SECVRITAS . P . ROMANI. Femme assise. M . B.

130. VESPASIEN. — ℟. SPES . AVGVSTA. L'Espérance et trois soldats debout. G. B.

Cette médaille n'est pas très-belle, mais le revers est excessivement rare.

131. VESPASIEN. — ℟. JVDAEA . CAPTA. L'empereur debout et une femme assise près d'un palmier. G. B.

D'une très-belle conservation.

132. VESPASIEN. — ℟. ROMA. Rome debout. G. B. Belle patine.

133. **VESPASIEN**. Médaille semblable à celle du n. 131. G. B. Avec une belle patine.

134. **TITUS**. — ℟. PROVIDENTIA . AVGVSTI. L'empereur et la Providence soutenant un globe. G. B.

135. **TITUS**. — ℟. CAESAR . DOMITIAN . COS . DES . II. Domitien à cheval. G. B.

136. **JULIA TITI FILIA**. — ℟. CONCORDIA . AUG. Femme assise. MB. ℟. Très-beau.

137. **JULIA TITI FILIA**. — ℟. VESTA. Vesta assise. M. B.

138. **NERVA**. — ℟. FISCI . JVDAICI . CALVMNIA . SVBLATA. Palmier. GB.

Cette médaille, dont le revers est rare et intéressant, est très-belle de conservation et de patine.

139. **TRAJAN**. — ℟. S . P . Q . R . OPTIMO . PRINCIPI. Rome, Nicéphore debout. GB.

140. **TRAJAN**. — ℟. TR . POT . COS . IIII . P . P. La Fortune assise. GB.

141. **HADRIEN**. — ℟. P . M . TR . P . COS . IIII. Jupiter assis. AV.

142. **HADRIEN**. — ℟. COS . III. Neptune debout, le pied sur une proue, GB.

143. **HADRIEN**. ℟. — FELICITATI . AVG . COS . III . P . P. Vaisseau. GB.

144. **HADRIEN**. — ℟. L'empereur assis sur une estrade et trois figures. GB.

145. **HADRIEN**. — ℟. PIETAS AVGVSTI. Femme debout près d'un autel. GB. Très-belle patine.

146. **HADRIEN**. — ℟. KOINON . BEIϽVNIAC. Temple hexa-style. GB. Très-beau ; frappé dans la Bithynie.

147. **SABINE.** — ℟. CONCORDIA AVG. La Concorde assise. GB.

148. **AELIUS.** — ℟. CONCORD. La Concorde assise. AR.

149. **AELIUS.** — ℟. TR . POT . COS . II. L'Espérance debout. GB.

150. **ANTONIN.** — ℟. COS . IIII. L'empereur debout, tenant un globe. AV.

151. **ANTONIN.** — ℟. Sans légende. Cérès assise. GB.

152. **ANTONIN.** — ℟. PIETAS . TRIBVN . POTE . DES . II. Femme debout sacrifiant. GB.

153. **ANTONIN.** — ℟. Sans légende. Rome assise, GB.

154. **FAUSTINE** MÈRE. Tête voilée. — ℟. PIETAS AUG. Femme debout sacrifiant, AV.

155. **FAUSTINE** MÈRE. — ℟. CONSECRATIO, Paon. AV.

156. **FAUSTINE** MÈRE. — ℟. AETERNITAS. Bige d'éléphants. GB. A fleur de coin et d'une très-belle patine.

157. **FAUSTINE** MÈRE. — ℟. Ex . S . C. Char traîné par deux éléphants. GB. Très-beau.

158. **MARC AURÈLE.** Tête légèrement barbue. — ℟. TR . POT . VI . COS . II . CLEM. Figure debout, AV.

159. **MARC AURÈLE.** TR . POT . COS . IMP . III . COS . III. Figure debout. GB. Très-belle patine.

160. **MARC AURELE.** CLEMENTIA . AVG . IMP . VIII. Figure debout. GB. Remarquable par sa patine.

161. **FAUSTINE** JEUNE. — ℟. VENUS. Vénus debout, AV.

162. **FAUSTINE** JEUNE. — ℟. SALVTI . AVGVSTAE. Hygie assise. MB.

163. **VERUS.** — REX . ARMENIS . DATVS . IMP . II . TR . P.

IIII . COS . II. L'empereur assis sur une estrade, donnant un roi à l'Arménie. GB.

164. VERUS. — ℞. TR . POT . V . IMP . II . COS . II. Rome, Nicéphore debout. GB. D'une parfaite conservation.

165. COMMODE, tête jeune. — ℞. ΚΥΣΙΚΗΝΩΝ . ΝΕΟΚΟΡΩΝ. Bacchus debout.

Médaillon de bronze d'une superbe conservation, frappé à Cyzique en Mysie.

166. ALBIN. — ℞. PROVID . AVG . COS. La Providence debout. GB. Très-beau.

167. SEPTIME SÉVÈRE, buste cuirassé. — ℞. VICT . AVG . P . M . TR . P . III . COS . II . P . P. Victoire marchant à droite et tenant une couronne.

Grand et magnifique médaillon de bronze.

168. SEPTIME SÉVÈRE. — ℞. AFRICA. L'Afrique debout, à ses pieds un lion. GB. D'une patine et d'une conservation magnifiques.

169. SEPTIME SÉVÈRE. ℞. PARTAE AD .... COS . II . P . P. Deux captifs au pied d'un trophée. GB.

170. CARACALLA, tête jeune. — ℞. PONTIF . TR . P . III. Figure; nu, debout, appuyé sur la haste. MB.

171. GETA. — ℞. VICTORIAE BRITANNICAE. Victoire assise sur une cuirasse, tenant un bouclier sur ses genoux. GB. D'une très-belle conservation.

172. MAMÉE. — ℞. FELICITAS . PVBLICA. Femme debout, appuyée sur une colonne. GB.

173. MAXIMIN Ier. — ℞. PAX . AVGVSTI. La Paix debout, GB.

174. BALBIN. — ℞. PROVIDENTIA . DEORVM. La Providence debout. GB.

175. BALBIN. — ℞. PM . TR . P . COS . II . P . P. L'empereur debout, tenant un rameau. GB. D'une parfaite conservation.

176. BALBIN. — ℞. LIBERALITAS . AVGVSTORVM. Trois figures assises et trois autres debout sur une estrade. GB. Revers rare.

177. GORDIEN III. — ℞. FELICIT . TEMPOR. Femme debout. GB.

178. OTACILLE. — ℞. PVDICITIA . AVG. Femme assise. GB. D'une beauté et d'une patine admirables.

179. MAXIMIEN HERCULE. — ℞. HERCVLI . PACIFERO. Hercule debout, tenant sa massue, *N*.

MONNAIES DE LA SECONDE RACE.

180. CHARLEMAGNE, Aix-la-Chapelle. CARLVS . REX . FR. Croix. — ℞. ACVIS . CI. Monogramme de Charles, par un K. Combrouse, t. I, p. 11, n. 16.

181. CHARLEMAGNE, Chartres. CARLVS en deux lignes. ℞. — CARNOTIS. Combrouse, t. I, p. 18, n. 176.

182. CHARLEMAGNE, Chartres. CAROLVS en deux lignes. ℞. — CARNOTAS-croisette, varié de Combrouse, t. I, p. 18, n. 177.

183. CHARLEMAGNE, Vicht Duerstède. CAROLVS en deux lignes. — ℞. DOOSTAD en deux lignes avec hallebarde. Combrouse, t. I, p. 21, n. 246.

184. CHARLEMAGNE, Eu. CAROLVS en deux lignes. — ℞. C . L . S. Combrouse, t. I, p. 20, n. 223.

185. CHARLEMAGNE, Melle en Poitou. Monogramme solitaire de Charles. ℞. METVLLO. Croix. Combrouse, t. I, p. 29, n. 389.

186. **CHARLEMAGNE**, Melle. CARLVS . REX . FR. Croix. — ℟. METVLLO. Monogramme. Combrouse, t. I, p. 29, n. 392.

187. **CHARLEMAGNE**, Pavie. CARLVS . REX . FR. Croix. — ℟. PAPIA. Monogramme de Charles par un K. Combrouse, t. I, p. 33, n. 183.

188. **CHARLEMAGNE**, Toulouse. CARLUS . REX . FR. Croix. — ℟. TOLVSA. Monogramme. Combrouse, t. I, p. 42, n. 682.

189. **CHARLEMAGNE**, Tours. CAROLVS.REX.FR. Croix. — ℟. TVRONIS. Monogramme de Charles par un K. Combrouse, t. I, p. 45, n. 725.

190. **LOUIS LE DÉBONNAIRE**, Vicht Duestède. H LVDOVVICVS . IMP. Croix. — ℟. DORESTATVS en trois lignes. Combrouse, t. I, p. 21, n. 249.

191. **LOUIS LE DÉBONNAIRE**, Marseille. H LVDOVICVS. IMP. Croix. — ℟. MASSILIA en deux lignes. Combrouse, t. 1, p. 27, n. 357.

192. **LOUIS LE DÉBONNAIRE**, Meaux. H. LVDOVVIÇVS. IMP. Croix. — ℟. MELDIS en une ligne. Combrouse, t. I, p. 28, n. 381.

193. **LOUIS LE DÉBONNAIRE**, Pavie. H. LUDOVVICVS. IMP. Croix. — ℟. PAPIA en une ligne. Combrouse, t. I, p. 33, n. 485.

194. **LOUIS LE DÉBONNAIRE**, Venise. H. LUDOVVICVS. IMP. Croix. — ℟. VENECIAS en deux lignes. Combrouse, t. I, p. 45, n. 762.

195. **CHARLES LE CHAUVE**, le Mans. GRATIA D-I REX. Monogramme par un K. — ℟. CINOMANIS . CIVITAS. Combrouse, t. I, p. 20, n. 217.

196. **CHARLES LE GROS**, Arles. CARLVS . IMPERAT.

Croix. — ℟. ARELA CIVIS. Monogramme par un K. Combrouse, t. I, p. 12, n. 40.

197. **CHARLES LE SIMPLE**, Melle. CARLVS . REX . FR. Croix. — ℟. METALO en deux lignes. Combrouse, t. I, p. 29, n. 406, deux pièces.

198. **LOUIS III**, l'Aveugle. LVDOVVICVS. Croix patée. — ℟. ARELA CIVIS. Combrouse, t. I, p. 12, n. 51.

199. **LOTHAIRE I**er, Pavie. H . LOTHARIUS . IMP . AV. Croix. — ℟. PAPIA. Combrouse, t. I, p. 33, n. 487.

200. **LOTHAIRE I**er, Pavie. Pièce semblable à la précédente.

201. **LOTHAIRE I**er, Milan. H . LOTHARIVS . IMP. Croix.— ℟. MEDIOL' en une ligne. Combrouse, p. 28, n. 368.

202. **PEPIN I**er, d'Aquitaine. PIPPINVS REX. Croix. — ℟. AQVITANIA en deux lignes. Combrouse, t. I, p. 11, n. 25, obole.

MÉDAILLES EN BRONZE DU XVe SIÈCLE.

203. **ALBERTUS LEO BAPTISTA** Tête à gauche. ALBERTVS . LEO . BAPTISTA. — ℟. OPVS . MATTHEI . PASTEI . VERONENSIS. Un œil ailé dans une couronne. QVID . TUM. (Diamètre, 9 centimètres.)

204. **ALPHONSE**. DIVVS . ALPHONSVS . ARAGONIAE . VTRIVSQVE . SICILIAE . VALENCIAE . HIE. Cette légende est dans le champ avec le buste à droite; au-dessous, une couronne en légende circulaire, CO . BA . DV . AT . ET . NEO . AC . CO . RO . ET . C . HVN . MAIO . SAR . COR . REX. — ℟. FORTITVDO MEA . ET . LAVS . MEA . DOMINVS . ET FACTVS . EST . MICHI . IN . SALVTEM. Figure ailée dans

un chariot à quatre chevaux conduits par deux hommes à pied. (D. 11 c.)

205. ANGLUS PHILIPPE MARIE. PHILIPPVS . MARIA . ANGLVS . DVX . MEDIOLANI . ETCETERA . PAPIE . ANGLERTE . QVE . COMES . AC . GENVE . DOMINVS, buste à droite. — ℟. OPVS . PISANI . PICTORIS. Trois cavaliers armés tenant la lance. (D. 10 c.)

206. AURELIUS AB AQUA. AVRELIVS . AB . AQVA . VICENTINVS . IVRISCONSVLTVS . EXCEL . COMES . PAL . ET EQVES . MAGNUS. Buste à gauche. — ℟. IN . MEMORIA. AETERNA . ERIT . IVSTVS . OP . IV . TUR. La Justice assise, tenant un glaive et une balance. (D. 12 c.)

207. ALTOBELLUS AVEROLDUS. ALTOBELLUS . AVEROLDUS . BRIXIEN . POLEN . EPS . VEN . LEGTS . APOST. Buste à droite. — ℟. VERITATI . D. Deux hommes nus arrachant le voile de la Vérité. (D. 10 c.)

208. BENTIVOGLIO ANNIBAL. HANNIBAL . BENTIVOLIVS . BONONIENSIS . PATRIA . DECVS. Buste à gauche. — ℟. Deux Amours dans une couronne soutenant un écusson. (D. 9 c.)

209. BENAVIDIUS. M . MANTVA . BENAVIDIVS . PAT . I . C . ET . COMES. Buste à droite — ℟. FESSVS . LAMPADA. TRADO. Bœuf couché. (D. 9 c.)

210. BENTIVOGLIO JEAN. IO . BENT . II . HANIB . FILIVS. EQVES . AC . COMES . PATRIAE . PRINCEPS . AC . LIBERTATIS . COLVMEN. Buste à droite. — ℟. OPVS . SPERANDEI. Deux cavaliers armés de toutes pièces. (D. 10 c.)

211. SAINT BERNARDIN, de Sienne. COEPIT . FACERE . ET . POSTEA . DOCERE. Buste du saint dans l'habit religieux. — ℟. NOMEN . TVVM . HOMINIBVS . MANIFESTAVI. En seconde légende, F . ANTONIO . MARESCOTTO. DA . FERRARA. Le monogramme du Christ entouré de flammes et de rayons. (D. 8 c.)

212. JEAN BOLDU. ΙωΑΝΗϹ. Une légende en hébreu. ΖωΓΡΑΦΟΥ. Deux mots hébreux. Buste de l'artiste par lui-même. — . ℟. OPVS . IOANNIS . BOLDU . PICTORIS . VENETI . MCCCCXVIII. Deux religieux, dont l'un donne des coups de discipline à une figure nue assise. (D. 9 c.)

213. CAESARIUS . FR . CAESARIVS . FER . ORDINIS . SER . B . M . DIVIN . ET . EXCELLEN . DOC . AC . DIVI . VER . FAMOSIS . PREDICATOR . Buste à gauche dans les habits religieux. — ℟. INSPICE . MORTALE . GENVS . MORS OMNIA . DELET . Religieux assis, montrant un crâne humain. OPVS. SPERANDEI. (D. 9 c.)

214. CICILIA. CICILIA . VIRGO . FILIA . IOHANNIS, FRANCISCI . PRIMI . MARCHIONIS . MANTVE . Buste de la jeune fille à gauche. — ℟. Figure assise au pied d'une licorne couchée; sur une pierre on lit : OPVS . PISANI . PICTORIS . MCCCCLVII. (Admirable de netteté et de beauté). (D. 9 c.)

215. CORNELIO . GIROLAMO . CORNELIO . Son buste à gauche. — ℟. HELENA . SVA . MOGLIE. Buste de sa femme à droite. (D. 5 c.)

216. FELTRE. VICTORINVS . FELTRENSIS . SVMMVS. Buste à droite. — ℟. PATER . MATHEMATICVS . ET . OMNIS . HVMANITATIS. En seconde légende, OPVS . PISANI . PICTORIS. Pélican et ses petits. (Une des plus belles médailles qui existent de cette époque. (D. 7 c.)

217. GONZAGUE. FRAN . GONZAGA . CAR . MAT . LIBERALITATIS . AC . ROME . ECCIE . JUBAR. Buste à gauche. — ℟. OPVS SPERANDEI. Un animal assis auprès d'un obélisque. (D. 9 c.)

218. ISOTTE D'ARIMINI. ISOTTE . ARIMINENSI . FORMA . ET . VIRTVTE . ITALIE . DECORI. Buste à droite d'Isotte voilée. — ℞. OPVS . MATHEI . DE . PASTIS . MCCCCXLVI. Eléphant. (De la plus grande finesse de travail.) (D. 9 c.)

219. ISOTTE D'ARIMINI. D . ISOTTAE . ARIMINENSI. Buste en cheveux à droite. — ℞. M.CCCC.XLVII. Éléphant. (Médaille magnifique.) (D. 9 c.)

220. ISOTTE D'ARIMINI. D . ISOTTAE . ARIMINENSI. Buste en cheveux à droite. — ℞. ELEGIAE. Un livre fermé. (Petit module.) (D. 5 c.)

221. LEONELLUS. LEONELLVS MARCHIO . ESTENSIS . D . FERRARIE . REGII . ET . MVTINE . GE . R . AR . Buste à gauche. — ℞. OPVS . PISANI . PICTORIS . M.CCCC.XLIIII. Figure ailée, déroulant un manuscrit devant un lion. (D. 10 c.)

222. MALATESTA. SIGISMVNDVS . PANDVLFUS . DE . MALATESTIS . ARIMINI . FANI . D . Buste à droite. — ℞. OPVS . PISANI . PICTORIS. Guerrier tirant l'épée du fourreau; à droite, un écusson; à gauche, un heaume. (Cette médaille est de première beauté.) (D. 9 c.)

223. MALATESTA. SIGISMVNDVS . PANDVLFVS . DE MALATESTIS . RO . ECLESIE . C . GENERALIS. Buste à gauche. — ℞. M.CCCC.XLVI. Figure tourrelée assise sur deux éléphants et tenant une colonne sur ses genoux. (D. 9 c.)

224. MALATESTA. SIGISMVNDVS . P.D.MALATESTIS . S . R. ECL.C.GENERALIS. Buste à gauche. — ℞. M . CCCC.XLVI. Un heaume. Petit module. (D. 5 c.)

225. MAUROCENUS. CRISTOFORUS . P . D . MAVRO . DVX. Buste à gauche avec le bonnet de doge. — ℞. RELIGIONIS . ET . IVSTITAE . CVLTOR dans une couronne. (Petit module.) (.D 4 c.)

226. DE LA MIRANDOLE. IOANNES . PICVS . MIRANDV-

LENSIS. Buste à droite. — ℟. PVLCRITVDO . AMMOR . VOLVPTAS, les trois Grâces. (D. 8 c.)

227. ORSATUS. ORSATVS . IVSTINIANVS . P . VENETVS . ET . D . EQVES. Buste à droite. — ℟. VOLONTAS . SENATVS. Un ours montant à un palmier, auprès duquel est couché un lion . OPVS . M . GVIDIZANI. (D. 9 c.)

228. PICININUS. NICOLAVS . PICININVS . VICECOMES . MARCHIO . CAPITANEVS . MAX . AC . MARS . AETER. Buste à gauche. — ℟. N . PICININVS . BRACCIVS . PISANI . OPVS. Griffon allaitant deux petits enfants : le griffon a un collier sur lequel on lit : PERVSIA. (Première beauté.) (D. 9 c.)

229. PISAN. PISANVS PICTOR. Buste à gauche du célèbre artiste. — ℟. F . S . K . I . P . F . T . Dans une couronne. (D. 6 c.)

230. RANGONA. BEATRIX . RANGONA . ROVORELLA. Buste de trois quarts. — ℟. FIDE . ET . PIETATE . EGREDIAR. Un vaisseau au milieu des flots. Médaille carrée d'un haut relief. (D. 6 c.)

231. SCHEVERL. ALBRECHT . SCHEVERL . GE . IM . M . CCCC . LXXXII . IAR . AM . XXVII. — ℟. O . HERR . GOT . DVR . CHRISTVM . ERBARM . DICH . VNSER . M . DXXVII. Ecusson surmonté d'un heaume. Médaille de plomb d'une très-grande finesse. (D. 4 c.)

232. SFORZA. CAMILLA . SFOR . DE . ARAGONIA . MATRONAR . PVDICISSIMA. Buste de trois quarts voilé. — ℟. SIC . ITUR . AD . ASTRA . OPVS . SPERANDEI. Femme, le bras entouré d'un serpent, assise sur deux licornes. (D. 9 c.)

233. SFORZA. FRANCISCVS . SFORTIA . VICECOMES . DVX-MEDIOLANI . QVARTVS. Buste de face. — ℟. OPVS . SPERANDEI. Un superbe temple occupe tout le champ de cette médaille qui est très-belle. (D. 9 c.)

234. SFORZA. CONSTANTIVS. SFORTIA. DE. ARAGONIA. DI. ALEXAN. SFOR. FIL. PISAVRENSIS. PRINCEPS. AETATIS. AN. XXVII. Buste à gauche. — ℞. INEXPVGNABILE. CASTELLVM. CONSTANTIUM. PISAVRENSE. SALUTI. PVBLICAE forteresse. 10. FR. PARM. (D. 8 c.)

235. URBIN. DIVI. FE. VRB. DVCIS. MOTE. AC. DVR. COM. REG. GAP. GE. AC. S. RO. ECCL. CON. INVICTI. Buste à gauche. — ℞. OPVS. SPERANDEI. Cavalier armé. (D. 10 c.)

MÉDAILLES DU XVIe SIÈCLE.

236. AEGIDIUS. FRIDER. ABB. S. AEGIDI. ANNO. AETATIS. XLII. Buste à droite — ℞. SI. DEVS. PRO. NOBIS. QVIS. CONTRA. NOS. Écusson. (D. 4 c.)

237. ANTOINE. ANTONIVS. B. DE. BVRGVNDIA. Tête à droite. — ℞. NVL. NE. SI. FROTE. Étendard. Très-belle médaille. (D. 5 c.)

238. ARETIN. DIVVS. PETRVS. ARETINUS. Buste à droite avec une longue barbe. — ℞. I. PRINCIPI. TRIBVTATI. DA. I. POPVLI. IL SERVO. LORO. TRIBVTANO. Un vieillard, un livre sous le bras, assis sur une estrade, reçoit des présents de divers personnages. (D. 6 c.)

239. BATTAGLINUS. IO. BATTAGLINVS. P. PISA. ESALTA. PRIN. Tête à droite. — ℞. NON. TI. EA. SED. DEO. Une figure nue au milieu des flots ; dans le lointain, un vaisseau. (D. 4 c.)

240. BEMBO. PETRI. BEMBI. CAR. Buste à gauche. — ℞. Pégase. (D. 6 c.)

241. BEMBO. Médaille semblable à la précédente. (D. 6. c.)

242. BEMBO. BENEDICTVS. BEMBVS. Buste à gauche. — ℞. VRSA. VXOR. Buste à gauche. (D. 5 c.)

243. **BIANCA**. BAANKA. Buste à droite. — ℟. NIL . SINE . ME. L'Amour assis sur un rocher au milieu des flots. (Très-jolie.) (D. 7 c.)

244. **BORGIA LUCRÈCE**. VIRTVTE . PVLCRIOR. Buste à gauche. — ℟. ETIAM . IN DETERIVS. Femme appuyée sur un bâton. (D. 6 c.)

245. **BANDIS**. GALEATIVS . DE . BANDIS . EQVES. Buste à gauche. — ℟. VROR . IN . SPE. Phénix sur des flammes. (D. 8 c.)

246. **BUONCOMPAGNA**. IAC . ANT . SORRA 1561. Buste à gauche. — ℟. NON . SEMPER. Figure nue tirant de l'arc. (D. 7 c.)

247. **BURCKMAIR**. IOANN . BVRCKMAIR . AVGVSTANI CAES. MAIESTAT . A . PICTVRIS. En seconde légende, ANNO. M.D.XVIII . AETATIS . SVE . XLIIII. Buste à gauche. — ℟. Lisse. (D. 7 c.)

248. **CASLAGEN**. MARGA . A . CASLAGEN . IOAC . POLITAE . CONI . VN. Buste à gauche. — ℟. En creux. (D. 7 c.)

249. **COLUMMA**. LIVIA . COLVMMA. Buste à gauche. — ℟. Lisse. (D. 4 c.)

250. **CORRIGIA**. IACOBA . CORRIGIA . FORME . AC . MORVM. DOMIN. Buste à droite. — ℟. DEA . MILITATI . STAT. CESSI. L'Amour enchaîné à un arbre. (D. 6 c.)

251. **DORIA**. ANDREAS . DORIA . P . P. Buste à droite. — ℟. Galère avec des rameurs. (D. 4 c.)

252. **DORIA**. Médaille semblable à la précédente. (D. 4 c.)

253. **DULCIUS**. IOAN . VIN . DVLCIUS . IVR . CON . CAN . PATAVIN . AETA . LVII 1539. Buste à gauche. — ℟. GENIO . BENEVOLENTIAE . DVLCIS. Génie debout, sacrifiant devant un autel. (D. 4 c.)

254. ELEPHANTUTIUS. GASPAR . ELEPHANTVTIVS. Buste à droite. — ℟. ΔΩΡΟΥ · ΘΕΟΥ · ΔΟΜΟΥΡΗ . Buste à gauche de sa femme. (D. 9 c.).

255. FLAMMA. (Gabriel de Venise). MEMINISSE . IVVABIT. Buste à droite; à côté, un crâne humain. — ℟. Une longue inscription de vingt-cinq lignes. (D. 9 c.)

256. FRÉDÉRIC. FRID WILH . D . G . DVX . SAX . EL . ADMIN. Buste à gauche. — ℟. DOMINE . CONSERVA . ME . IN . VERBO . TVO. 1594. Écusson. (D. 4 c.)

257. FUSCUS. HORATIVS . FVSCVS . ARIMINEN . I . C. Buste à droite. — ℟. NON . SEMPER. 1589. L'Abondance s'approchant d'une femme occupée à lire. (D. 4 c.)

258. GEORGIUS X. BERNARDVS . GEORGIVS X . VIR . IIII I . SAP . C . V. Buste à gauche. — ℟. DOCTRINAE . AC . PROBATAE . VITAE . LOCVPLETISS . TESTIMONIA dans une couronne. Médaille très-belle. (D. 7 c.)

259. GONFALONERIO IO . ALVISIVS . GONFALONERIVS . P . P . R. Buste à gauche. — ℟. HELISABETH . GONFALONERIA . SCOTTA. Buste à droite. (D. 4 c.)

260. GONSALVE III . GONSALVVS III . DICTATOR . MAGNI . DVCIS . COGNOMENTO . ET . GLORIA . CLARVS. Buste à gauche. — ℟. VICTIS . GALLIS . AD . CANNAS . ET . LIRIM . PACATA . ITALIA IANVM . CLAVSIT. Un combat. (d. 6. c.)

261. GONZAGUE. DIVA . ANTONIA . BAVTIA . DE . GONZ . MAR. Buste à droite. — ℟. SVPEREST . SPES. L'Espérance dans un char traîné par deux chevaux ailés. (D. 6 c.)

262. GONZAGUE. IV . CA . GON . S . R . I . PR . ET . MAR. Buste à droite. — ℟. FRVSTRATA . NON . DESINAT. Un arbre brisé par la foudre. (D. 4 c.)

263. GONZAGUE. ELISABET . GONZAGA . FELTRIA . DUCIS .

URBINI. Buste à droite. — ℟. HOC . FUGIENTI . FORTUNAE . DICATIS. Femme nue couchée. (D. 9 c.)

264. GONZAGUE. HVPPOLYTA . GONZAGA . FERDINANDI . FIL . AN . XVII. Buste à gauche. — ℟. VIRTUTIS . FORMAE . Q . PRAEVIA. Une femme, tenant une torche, traînée dans un char par Pégase. (D. 7 c.)

265. GONZAGUE. Médaille semblable à la précédente. (D. 7 c.)

266. GONZAGUE. IOANNES . FRANCISCUS . GONZ. Buste à gauche. — ℟. FOR . VICTRICI . ANTI. Mars, la Fortune et Bellone debout. (D. 4 c.)

267. GONZAGUE. IOANNES . FRANCISCUS . GON . MA . MANTVA. Buste à droite. — ℟. TRINACRIA . IANI . PELORVS. Forteresse. A l'exergue, BELAVRA. (D. 4 c.)

268. GONZAGUE. LAVRA . GONZ . TRIVL. Buste à droite. — ℟. SEMPER . ILLAESA. Fleuve couché. (D. 5 c.)

269. GONZAGUE. VINCENTIVS . GONZAGA. Buste à droite. — ℟. D . G . DVX . MANT . IIII . ET . MONT . F . II . ET . C. — Saint Georges terrassant le dragon. A l'exergue, PROTEC . NOSTER . ASPICE. (D. 4 c.)

270. GRADENIGO. Buste à droite. — ℟. Dans un champ lisse, gravé en creux, ANDREAS . GRADENICUS. (D. 4 c.)

271. GRIMANI. ANT . GRIMANVS . DVX . VENETIAR. Buste à gauche du doge avec le bonnet. — ℟. IVSTITIA . ET . PAX . OSCVLATAE . SVNT. La Justice et la Paix se donnant la main. (D. 4 c.)

272. GRIMANI. IOANNES . GRIMAN . PATR . AQ . BEN. Buste à gauche. — ℟. MAR . ANTONIVS . BARBARO . AEDIFICATOR. Buste à gauche. (D. 3 c.)

273. GRIMANI. DOMINICVS . CARDINALIS . GRIMANVS. Buste

à gauche. — ℟. THEOLOGIA . PHILOSOPHIA. La Théologie et la Philosophie se donnant la main. (D. 6 c.)

274. **GUISIANUS.** FRANCISCVS . CVISIANVS . APEL . TAPPA. 1566. Buste à droite. — ℟. CVM . PONDERE . ET . MENSVRA. La Justice debout. (D. 6 c.)

275. **HANNA.** DANIEL . DE . HANNA. Buste à gauche — ℟. Deux femmes dont l'une est nue, tournant une roue. (D. 4 c.)

276. **HANNA.** MARTINVS . DE . HANNA. Buste à droite. — ℟. SPES . MEA . IN . DEO . EST. Une femme tendant les bras et tournant ses regards vers les cieux. (D. 8 c.)

277. **HEMO.** GEORGIVS . HEMO . PROVI . VENETORVM . CON . MAXIMIL . DVX . AVSTRIAE . MDVII. — ℟. Sur un champ lisse, ALTER . ALTERIVS . VICE. En seconde légende, MAXIMILIANVS . ET . MARIA . AVST . REX . ET . REGIN . BOHEMIE. Toutes les légendes de cette médaille sont en creux. (D. 8 c.)

278. **HERMAN.** GEORGIVS . HERMAN . AETATIS . SUAE . AN . XXX.VIII. Buste à droite. — ℟. SOLI . DEO . CONFIDE . M.D.XXIX. Un écusson et un heaume. (D. 4 c.)

279. **HERMAN.** Même légende et même tête. — ℟. M.D.XXIX. FVNGENDO . CONSVMOR. Un candélabre, deux écussons et un heaume. (D. 4 c.)

280. **KRELERIN.** ELISABET . KRELERIN . HET . ICH . DIEGE . STHALT . UND . WAS . 47 . IAR . ALT. Buste à gauche. — ℟. Cette jolie médaille en plomb a le revers lisse. (D. 7 c.)

281. **LOISIUS.** P . LOYSIVS . F . PARM . ET . PLAC . DVX . I. Buste à droite; sous le buste, I . F . PARM. — ℟. IN . VIRTVTE . TVA . SERVATI . SVMVS. Animaux paissants. (D. 4 c.)

282. LOUIS. LUDOVICVS . DVX . MI . P . G . RESTITVTOR. Buste à droite. — ℟. ETRURIA. Figure soutenant un arbre battu par les vents. (D. 4 c.)

283. LERCARIUS. FRANCVS . LERCARIVS . R . CONS. Buste à gauche. — ℟. HVNC . REGVNT . OMNIA . Q . DOMANT. L'Abondance debout. (D. 6 c.)

284. LABENWOLF. BANGRACZ . LABENWOLF . ALT . 52 . IAR . 1542. Buste à gauche. — ℟. DI . ZEIT. Guerrier donnant à manger à un chien. (D. 4 c.)

285. LOPEZ. VRSVLAE . LOPES . M . P . C . AET . XVIII. Joli buste à gauche. — ℟. En creux. (D. 7 c.)

286. MARIE TUDOR. MARIA . I . REG . ANGL . FRAN . ET . HIB . FIDEI . DEFENSATRIX. Buste à gauche. — ℟. CECIS . VISVS . TIMIDIS . QVIES. Femme tourrelée assise auprès d'un temple rond. (D. 7 c.)

287. LOUIS. LVDOVICVS . COMES . PALATI . RHENI . BAV . DVX. Buste à droite. — ℟. BAVARIAE . REGI . FLOREAT . SEMPER. Femme soutenant un écusson. (D. 5 c.)

288. MADELEINE. MAGDALENA . MANTVANA . DIE . XX . NO . M . CCCCC . IIII. Buste à droite. — ℟. BENE . HANC . CAPIAS . ET . CAPTAN . TENETO. Deux femmes représentant les Heures se poursuivant. (D. 5 c.)

289. MADRUZZI. CHRISTOPHOR . MADRVCIVS . CAR . AC . PRIN . TRIDENTI . BRIXIN. Buste à gauche. — ℟. PETRVS . PAVLVS . ROM. Un port rempli de navires. (D. 5 c.)

290. MANFREDUS. TADEVS . MANFREDVS . COMES . FAVENTI . INOLCO . D . AC . INCLITI . GVID . ATII . VNICVS . GENITVS. Buste à droite. — ℟. SOLA . VIRTVS . HOMINEM . FELICITAT. Figure nue assise, tenant une épée et une roue derrière l'Amour. A l'exergue, OPUS . IO . TR . PAPIENSIS. (D. 5 c.)

291. MARESCHALUS. JANVS . MARESCHALVS . ANIMVS . CHARVS . SALE. Buste à droite. — ℞. En creux. (D. 6 c.)

292. MARIE DE MÉDICIS. MARIA . AVG . GALL . ET . NAVAR . REGIN. Buste à droite. — ℞. LAETA . DEVM . PARTV. Cybèle au milieu des dieux. (D. 6 c.)

293. MARIE D'AUTRICHE. MARIA . AVST . REG . BOEM . CAROLI . V . IMP . FI. Buste à gauche. — ℞. CONSOCIATIO . RERVM . DOMINA. Femme marchant sur des armes, tenant une couronne et des rameaux. (D. 7 c.)

294. MAXIMILIEN ET MARIE DE BOURGOGNE. MAXIMILIANUS . FR . C . F . DVX . AVST . BVRGVND. Tête à droite. — ℞. MARIA . KAROLI . F . DUX . BVRGVNDIAE . AVSTRIAE . BRAB . C . FLAN. Buste à droite. (D. 5 c.)

295. MARGUERITE DE SAVOIE. MARGARETA . FRAG . REG . F . D . SABAVDIA. Buste à gauche. — ℞. NATA . IOVIS . VERTICE. Minerve debout. (D. 4 c.)

296. MARGUERITE D'AUTRICHE. MARGARETA . DE . AUSTRIA . D . M . ET . P . GERMANIAE . INFERIORIS . GVB. Buste à droite. — ℞. FAVENTE . DEO. Femme debout au milieu des flots, tenant une épée. (D. 6 c.)

297. MARTINIUS. IO . FRANC . MARTINIO . MEDIOLAN . MEDICVS. Buste à droite. — ℞. ΕΛΛΑΔΟΣ.ΣΩΘΕΙΣΗΣ. ΔΩΡΟΝ. Buste à gauche; on lit sur son bonnet : ΦΙΛΕΛΛΗΝΗΝ. (D. 5 c.)

298. MAURUS. THOMAS . MAVRVS . VENETVS . VERONAE . PRAEFECTVS. Buste à droite. — ℞. MORIENS . REVIVISCO . MDXXVII. Phénix au milieu des flammes. A l'exergue, MARIA . POMEDELUS . VERONEN . F. (D. 5. c.)

299. MONTENIACUS. SEBASTIANVS . MONTENIAC . P . V . Buste à droite. — ℞. RESTAVRATVM . CASSIANVM . SOL. ET . IMPENSA . S . C. Forteresse. (D. 6 c.)

300. MÉDICIS. MAGNVS.COSMVS. MEDICES . P . P. P. Buste à droite. — ℞. SEMPER. Trois bagues enlacées. (D. 9 c.

301. MÉDICIS. IOANNES.MEDICES. DVX. FORTISS. MDXXII. Buste à droite; sous le buste, FRANC. SANGALLIVS FACIEB. Très-belle médaille en plomb. (D. 10 c.)

302. MÉDICIS. IA. MED. MARCH. MELEG. ET. CAES. CAP. GNALIS. P. P. R. Buste à droite. — ℞. QVO. ME. FATA. VOCANT. Pégase volant. (D. 6 c.)

303. PALAEOTUS. ALFONSVS. PALAEOTVS. ARCHIEP. BON. SAC. ROMAN. IMP. PRINCEPS. Buste à gauche. — ℞. ANNO. GRATIAE. M.D.C.V. Écusson surmonté d'une croix. (D. 7 c.)

304. PAUMGARTNER. HYERONIMVS. PAVMGARTNER. ANNO. AETATIS. 56. Buste de face. — ℞. IN. VMBRA. ALARVM. TVARVM. SPERABO. DONEC. TRANSEAT. INIQUITAS. Écusson surmonté d'un casque; sur le casque et dans l'écusson, une fleur de lis, 1553. (D. 7 c.)

305. PEHAIM. FRIDERICH. PEHAIM. ALT. XXXV. IAR. Buste à gauche. — ℞. GOT. DINER. AVCH. SEINER. LER. M.D.XXVI. Bouclier et casque surmonté d'un aigle. (D. 4 c.)

306. PELICANUS. PAVLVS. PELICANVS. AETATIS. S. XXX. A.M.D.LVI. Buste à gauche. — ℞. MAXIMA. VIS. AMORIS. Le pélican et ses enfants. (D.6 c.)

307. PERENOT. ANT. S. R. E. PER. CARD. GRAVELANVS. Buste à gauche. — ℞. Un guerrier entouré de ses troupes présentant au cardinal un étendard; au-dessus, IN. HOC. VINCES. (D. 5 c.)

308. PERERIIS. G. VILLERMVS. DE. PERERIIS. AVDITOR. ROTE. Buste à droite. — ℞. GLORIA. DEO. PATRI. ET. FILIO. ET. SP. S. Écusson. (D. 6 c.)

309. **PERETTA**. CAMILLA . PERETTA . SIXTI . V . P . M . SOROR. Buste à droite. — ℟. SANCTA . LUCIA . AN . D. M.D.LXXXX. Une église; on lit sur le fronton : CAMILLA . PERETTA. Cette médaille curieuse est très-belle, les initiales du graveur sont D. P. (D. 5 c.)

310. **PESENTIUS**. ALEX . PESENTIVS . VERONEN . CANONIC . VELNEN . ET . C. Buste à gauche. — ℟. VIRTVTE . DVCE. COMITE . FORTVNA. Instruments de musique sur un coffre. (D. 4 c.)

311. **PEVERONUS**. IO . FRANC . PEVERONVS . 1550. Buste à droite. — ℟. ANNA . PEVERONA. Une main. (D. 6 c.)

312. **FIGINUS**. HIERONIMVS . FIGINVS . D.C.LXII. Buste à gauche. — ℟. OMNIS . IN . HOC . SVM. Pallas debout. (D. 4 c.)

313 **PRIOLI**. HIERONIMVS . PRIOL . VENE . DVX . ANO . P. VIII.AE. LXXX . 1566. Buste à droite. — ℟. ALOY. DIEDO. PRIMICE . S . MAR . V . AN . III . AE . XXXVII . 1566. Buste à droite. Très-belle médaille. (D. 10 c.)

314. **QUIRINUS**. HIERON . QVIRIN SENAT . INTEGERR. Buste à gauche. — ℟. Un vieillard à genoux en prières. A l'exergue, AN . D . SPINELI . F . 1540. (D. 5 c.)

315. **RAPOLT**. DANIEL . RAPOLT . V . FREIBVRG . AET . 41 . ANNA . WINKLERN . IR . ALTER . 31 . DANIEL . AETA . 6 . BARBARA $1\frac{1}{2}$. Le personnage avec sa femme et ses deux enfants. — ℟. IN . CHRISTO . OMNIA. Deux écussons sur la porte d'une ville. (D. 6 c.)

316. **RANGONA**. ARGENTINA . RANGONA . PA . DICAVIT. Buste à gauche. — ℟. FIDES . ET . SANCTA . SOCIETAS. La Foi couronnée par la Victoire; dans le lointain, un fleuve couché. (D. 7 c.)

317. **RANGONUS**. GUIDVS . RANGONVS . BELLO . PACE . Q .

INSIGNIS. Buste à gauche. — ℟. ALARUM . DEI . EXTENSIO. Figure de femme sur un taureau, couronnée par une Victoire volant. (D. 7 c.)

318. **RHENERIUS**. RHENERIUS . F . ANNO . XLVII . SEBASTIANVS. Buste à droite. — ℟. MEMORIAE . ORIGINIS . VENET. Femme nue debout, tenant un étendard. (D. 8 c.)

319. **RUBEA**. MAGDALENA . RUBEA . A . MORIBUS . ET . FORMA . INCOMPARABILIS. Buste à gauche. — ℟. CESSI . DEA . MILITATI . STAT . P . M. L'Amour enchaîné à un arbre. (D. 6 c.)

320. **RUBEIS**, évêque de Trévise. BER . RV . CO . B . EPS . TAR . LE . BO . VIC . CV . ET . PRAE. Buste à droite. — ℟. OB . VIRTVTES . IN . FLAMINIAM . RESTITVTAS. Femme sur un char traîné par un aigle et un dragon. (D. 7 c.)

321. Médaille semblable à la précédente. (D. 7 c.)

322. **SANDELLA**. CATERINA SANDELLA. Buste à gauche. —℟. Lisse. (D. 6 c.)

323. **SFORZA**. ASCANIVS . MACAR . SFOR . VICECOS . R . E . CANCE. Buste à droite. — ℟. SACER . EST . LOCVS . ITE . PROPHANI. Femme sacrifiant devant un autel. (D. 5 c.)

324. **SFORZA**. CONSTANTIVS . SFORTIA . DE . ARAGONIA . DI . ALEXAN . SFOR . FIL . PISAVRENS . PRINCEPS . AETATIS . AN . XXVII. Buste à gauche. — ℟. SYDUS . MARTIUM. Armée entrant dans une citadelle ; à l'exergue, M . CCCCLXXIII . IO . FRANC . PARMENSIS . OPUS. Sur une colonne, COS . F . PISA . VRB . D. Très-belle médaille du 15e. (D. 8 c.)

325. **SFORZA**. LVDOVICVS . MA . S . F . VICO . DVX . BAR . I . DVC . GVBER. Buste à droite. — ℟. OPTIMO . CONSCI-

LIO . SINE . ARMIS . RESTITVTA. Figure assise sur une estrade, sur laquelle on lit : P . DECRETO. Au pied de l'estrade, une foule de cavaliers. (D. 5 c.)

326. **SINCRITICO**. EUGENIVS . SINCRITICO . C . R. Buste à gauche. —. ℟. CELESTIS . IMAGO. Buste de femme à gauche. (D. 5 c.)

327. **SPINA**. BERNARDVS . SPINA . CALABER. Buste à droite. — ℟. SVPERAT . OMNIA . VIRTVS. Femme à cheval perçant de sa lance une femme nue couchée à terre. (D. 5 c.)

328. **STERN**. THOBIAS . STERN . AET . SV . XXXIIII. Buste de face. — ℟. Lisse. Médaille de plomb très-fine. (D. 4 c.)

329. **STEPHANUS**. STEPHANVS . MAGNUS . DOMINI . ANDREAE . FILIVS. Buste à gauche. — ℟. IOANNES . MARIA. POMEDELVS . VERONENSIS . F. Neptune sur un dauphin. (D. 6 c.)

330. **MARIE STUART**. MARIA . SCOTORVM . REGINA. Buste à droite. — ℟. Une longue inscription relatant les divers événements de sa vie. (D. 6 c.)

331. **SYTZINGER**. LVCAS . SYTZINGER . DER . IVNGER . ALT. 42 . 1557. Buste à droite. — ℟. LVCAS . SYTZINGER. AETATIS . SVAE . LXXII . A° . 1564. Buste à droite. Très-jolie médaille de plomb. (D. 4 c.)

332. **THOMAS**. THOMAS . PHILOLOGVS . RAVENNAS. Buste à droite. — ℟. VIRTUTE . PARTA . DEO . ET . LABORE. Femme couronnant un bœuf. (D. 6 c.)

333. **THOMAS**. THOMAS . PHILOLOGVS . RAVENNAS. Buste à droite. — ℟. A . IOVE . ET . SORORE . GENITA. Femme nue présentant le sein à un enfant qu'un aigle lui apporte. (D. 4 c.)

334. THOMAS. Médaille semblable à la précédente; dans le champ, du côté de la tête, on lit en plus 1562. (D. 4 c.)

335. URSIN. IOAN . RAPT . VRSINVS. Buste à droite. — ℞. EXPERIOR. Une licorne près d'un arbre. (d. 6. c.)

336. VARCHI. B . VARCHI. Buste à droite. — ℞. COSI . QVA. GOIV . SI . GODE. Figure couchée près d'un arbre. (D. 5 c.)

337. VALERIUS. VALERIVS . BELLVS . VICENTINVS. Buste à droite. — ℞. La tête du médaillon de Syracuse. (D. 5 c.)

338. VINCENTINUS. VINCENTINVS . NICOLAS. Buste à gauche. — ℞. PERFECTAE . MVSICAE . DIVISIONIS . Q . INVENTOR. Un orgue sur lequel on lit: ARCHI . ORGAN. (D. 6 c.)

339. VINCENT II, duc de Mantoue. Buste à gauche. Gravée par Gaspard Molo. — ℞. Lisse. (D. 5 c.)

340. Joli buste de femme à droite. GOT . VORMACK . ALDINK. 1540. — ℞. Lisse. (D. 4 c.)

341. ANONYME. P . LVCET . ALMA . VIRTVS . RAMIS . VIRENS . SEMPER . C . V . 47. Buste à droite avec une grande barbe. — ℞. Grande légende latine. 1555. (D. 6 c.)

MÉDAILLES DU XVIIe SIÈCLE.

342. ALEXANDRE VII. ALEXANDER . VII . PONT . MAX . ANNO . M.D.CLXXII . C . F . T. Buste à gauche. — ℞. QVAE . VOVI . REDDAM . PRO . SALVTE . DOMINO. Église. (D. 8 c.)

343. **ALEXANDRE VIII.** ALEXANDER . VIII . OTTHOBONVS. VENETVS . PONT . MAX. Buste à gauche. — ℟. PETRVS. CARD . OTTHOBONVS . S . R . E . VICECAN . PATRVO . MAG. BENE . MERENTI . POSVIT . M.D.CC. Monument dans une église. COM . CAROLVS . II . S . MARTIN . INVEN. (D. 7 c.)

344. Médaille semblable à la précédente. (D. 7 c.)

345. **BAILLEUL.** NICO . DE . BAILLEVL . PROPRAET . VRB. ET . PRAEF . AEDIL . CURANTE. Buste à droite. 1623. — ℟. AETERNOS . PRAEBET , LVTETIA . FONTES. Nymphe couchée près d'une fontaine. (D. 5 c.)

346. **BARBERIN.** F . EPIS . VELITER . CARD . BARBERINVS . S. R . ET . VICECAN. Buste à droite. — ℟. ALIVS . QVE . ET. IDEM. Le soleil sortant de la mer. (D. 5 c.)

347. **BERETINVS.** PETRVS . BERETINVS . E . CORTONNA. Buste à droite. — ℟. BENE . SVPER . VIRTVS . TE . CORONAT . ANAGR. Femme couchée. (D. 8 c.)

348. **BISCIONIUS.** ANT M . BISCIONIVS . FLOR . BASIL. LAVR . CAN . MEDIC . LAVR . BIBLIOTH . REG . PRAEF. AET . AN . LXXIII. Buste à droite. — ℟. NEGATA . TENTAT . ITERVM. Hercule tuant l'hydre. 1747. (D. 9 c.)

349. **CAMB.** LEONORAE . CAMB . VXORIS. Buste à droite. — ℟. Lisse, première beauté. (D. 7 c.)

350. **CLEMENT XII.** CLEMENS . XII . PONT . MAX . AN . III. Buste à droite. — ℟. PVBLICAE . INCOLVMITATIS . PRAESIDIO. Un fort au milieu de la mer; à l'exergue, DORICAE . VRBIS . LAECOMIVM. 1734. (D. 8 c.)

351. **CLÉMENT XII.** CLEMENS XII . CORSINVS . PONTIFEX. MAXIMVS. Buste à droite. — ℟. REPARATIO . FELICITATIS . PVBLICAE . MDCC.XXX. Femme casquée, debout, tenant une urne et une branche d'olivier. (D. 7 c.)

352. **CHRISTINE DE SUEDE.** CHRISTINA . REGINA. Buste

à droite. — ℞. POSSIS . NIHIL . VRBE . ROMA . VISERE . MAJVS. Rome Nicéphore assise sur un monceau d'armes. (D. 7 c.)

353. **DEORIA.** MARCVS . ANT . DEORIA . EX . FAM . DE . CARRETO . P . MELPHIAE . AET . ANN . LIX. Buste à gauche. — ℞. Lisse. (D. 5 c.)

354. **HENRI IV ET MARIE DE MÉDICIS**. Têtes accolées. — ℞. PROPAGO . IMPERI. Henri IV et Marie se donnant la main; au milieu, le Dauphin mettant un casque, un aigle lui apporte une couronne. Médaille de première beauté gravée par Duprez, 1603. (D. 7 c.)

355. **LUDOVISIUS**. FRAGILEM . ARENAM . JACIMVS . VT . DOMVM . FVNDEMVS . ÆTERNAM. Buste à droite. — ℞. LVDOVICVS . CARD . LVDOVISIVS . S . R . E . VICECANCELL . FVNDAVIT . AN . M.C. XXVI. Une église. (D. 7 c.)

356. **LOUIS**. LVDOVICVS . CARD . PORTOCARRERO . PROT . HISP . ARCH . TOLET. Buste à gauche . — ℞. La Renommée sur une colonne dans un port, sur la base de la colonne on lit : HAC . DVCE . CVNCTA . PLACENT. (D. 5 c.)

357. **MAGLIABECHIUS**. ANTONIVS . MALIABECHIVS. Buste à droite. — ℞. OMNIBVS . OMNIA. Un livre ouvert sur une table. (D. 10 c.)

358. **MALPIGHIUS**. MARCELLVS . MALPIGHIVS . PHIL . ET MED . BON. Buste à gauche. — ℞. TVTISSIMO . LVMINE. EXHIBITO . BONON. Femme appuyée sur deux livres et couchée sur un coffre, sur lequel on lit : STAT . SOLIDO. (D. 9 c.)

359. MARGARETH . MARGRAVIN . SV . BADEN IRS . ALTER.... IAR. Buste à droite. — ℞. Deux lions soutenant un écusson, et deux mains soutenant un cœur. M.C.D . XXXIIII. (D. 5 c.)

360. NORIS. HENR . CARD . NORIS . VERON . S . R . B . BIBLIOTH. Buste à gauche. — ℟. HISTORIA . VINDICATA. La ville de Rome et celle d'Antioche, assises auprès d'une colonne surmontée du monogramme du Christ; à la colonne est attaché un bouclier portant les lettres CL . V. Sur la base, AN . CHR . NAT; à l'exergue, CHRONOLOG . REST. (D. 4 c.)

361. OTHON. OTHO . CARDINALIS . AVGVSTANVS. Buste à gauche. — ℟. DILIGVNT . SIC . HIS . QVI. Un crucifix, au pied duquel est un pélican nourrissant ses enfants. (D. 4 c.)

362. PASCHASIUS, STEPH . PASCHASIVS . REG . RAT . LVT. PAR . PATRON . AET . 76 . AN . 1605. Buste à gauche. — ℟. HERCVLES . GALLICVS. Hercule la bouche enchaînée traînant 6 personnages; à l'exergue, ELOQVENTIA. (D. 5 c.)

363. PERRENOT. ANT . S . R . E . PER . CARD . GRANVELANVS. Buste à doite. — ℟. DVRATE. Un vaisseau le mât cassé au milieu des flots; très-jolie médaille. (D. 4 c.)

364. RICHELIEU. ARMANDVS . CARDINALIS . DE . RICHELIEV. Buste à droite. — ℟. TANDEM . VICTA . SEQVOR. Louis XIII dans un char conduit par la Renommée WARIN . 1630. Médaille de première beauté. (D. 8 c.)

365. SABELLUS. IACOBVS . S . R . E . PRAESB . CARD . SABELLVS . 1576. Buste à droite. — ℟. AGOR . NON . OBRVOR. Vaisseau toutes voiles dehors. (D. 5. c.)

366. SBARALEA. IO . HIERONIMVS . SBARALEA . DOC . COLLEG . ET . BON . ANAT . LECT . EMER. Buste à gauche. — ℟. INVTILES . AMPVTANS. Un arbre avec des branches coupées. (D. 7 c.)

367. THEOBALDUS. THEOBALDVS . VICECOMES . SAC . ROM. IMP . MARCH . 175. Buste de face, — ℟. VIS . NON . VIRVS. Un lion et un serpent. (D. 9 c.)

368. **TROTTUS**. GALEATVS . TROTTVS . PRAEF . GEN . EXERCIT . M . C . COM . ET . MARCH. Buste à droite. — ℟. INVICTO . ET . FIDELI. Cavalier couronné par la Victoire. (D. 9 c.)

369. **VILLARS**. HIERON . DE . VILLARS . ARCHIEP . ET . COMES . VIEN . (DVPRÉ). Buste à gauche. — ℟. ΚΡΑΤΑΙΑ . ΩΣ . ΘΑΝΑΤΟΣ . Η . ΑΡΑΠΗ . 1061. Écusson dans une couronne. (D. 6 c.)

370. **VINCENTIUS**. VINCENTIVS . S . R . E . PIAC . CARD . COSTAGVTVS. Buste à droite. M.D.C.XLVII . HAMERANVS . F. — ℟. VT . GRAVIORA . AMENIORIBVS . LENIRENTVR. Vue d'une ville. IN . ANTILLL . LITTORE . EXTR. VCTA . Écusson. (D. 5 c.)

371. **VERCELINUS**. VERCELINVS . MARIA . VICECOMES . MARCHIO. 1677. G . FIOR. — ℟. VIRES . NON . VIRVS. Un serpent écrasant un lion. (D. 10 c.)

372. **ZUHARIS**. LVCAS . D . ZVHARIS . PREPOSITVS . PONPONESCI. Buste à gauche. — ℟. VENER . ET . MARS. VICTOR. Mars et Vénus avec leurs attributs. (D. 4 c.)

Ch. Lahure, imprimeur du Sénat et de la Cour de Cassation,
rue de Vaugirard, 9, près de l'Odéon.

www.ingramcontent.com/pod-product-compliance
Ingram Content Group UK Ltd.
Pitfield, Milton Keynes, MK11 3LW, UK
UKHW021034180726
13838UKWH00004B/1787